왕궁리에서 쓰는 편지

이 도서의 국립중앙도서관 출판예정도서목록(CIP)은 서지정보유통지원시스템 홈페이지(http://seoji.nl.go.kr)와 국가자료종합목록시스템(http://www.nl.go.kr/kolisnet)에서 이용하실 수 있습니다. (CIP제어번호 : CIP2020022703)

고요아침 운문정신 030

왕궁리에서 쓰는 편지

정진희 시조집

고요아침

| 시인의 말 |

내내
어여쁘소서

2020년 6월
정진희

| 차례 |

시인의 말   05

제1부

자반고등어   13
홍시   14
거미   15
군산   16
잘 늙은 호박   17
박대 일기   18
증도에서   19
꽃샘   20
쇠뜨기   21
어떤 봄날   22
기하학 무늬층   23
입춘 무렵 1   24
장닭   25
밤송이   26
옥잠화   27
바위 꽃   28
올빼미   30
탱자나무 울타리   31
가시연   32

제2부

왕궁리에서 쓰는 편지	35
배롱나무	37
어머니의 밭	38
오래된 염전	39
노랑돌쩌귀	40
토우	41
달래	42
넝쿨장미	44
이명	45
동백기름	46
달개비	47
춘포역	48
각시수련	49
오동꽃	50
갈대	51
서른 즈음	52
빈대	53
서낭풀이	54
각시붓꽃	56
고깔 제비꽃	57

제3부

뒤란	61
자오선	62
화살나무	63
동지 무렵	64
입춘 무렵 2	65
부처꽃	66
잘피	67
부지깽이 나물	68
벽화를 그리다	70
봄 어느 골짜기	72
황태	73
해당화	74
창포	75
북어 1	76
아버지	78
북어 2	79
맨드라미	80
불갑산 꽃무릇	82
아겔다마	84

제4부

당간지주　　　　　　　　　　87
금산사 빗 모란 꽃살문　　　　88
임피역 은행나무　　　　　　　89
입동 부근　　　　　　　　　　90
솜틀집　　　　　　　　　　　91
그믐　　　　　　　　　　　　92
포도　　　　　　　　　　　　93
하와의 비망록　　　　　　　　94
천상열차분야지도　　　　　　95
종지　　　　　　　　　　　　96
오래된 그늘　　　　　　　　　98
퉁퉁마디　　　　　　　　　　99
퉁퉁마디 꽃　　　　　　　　100
입점리 고분　　　　　　　　101
산수유 축제　　　　　　　　102
풍등　　　　　　　　　　　103
목백일홍　　　　　　　　　104

해설_생의 강렬한 메타포와
　　　　역사 신화적 에코페미니즘 / 이지엽　　105

제 1부

자반고등어

푸른 등이 시린지 부둥켜안은 몸뚱이

제 속을 내주고 그리움을 묻어둔 채

장마당 접었던 밤은 해풍만 가득하다

기댈 곳 없었다 그냥 눈 맞은 너와 나

천지사방 혼자일 때 보듬고 살자 했지

소금물 말갛게 고인 눈알 되어 마주친

동살이 밝힌 물길 야윈 등을 다독이다

나 다시 태어나 너의 짝이 되리라

살 속에 가시길 박힌 그 바다를 건넌다

홍시

이 겨울 견디려나 어찌 저리 텅 비어

앙상한 마디마디 영원을 꿈꾸다가

아뿔싸 아슬아슬 남겨진 풍장의 붉은 흔적

내 스물 빛났듯이 네 첫 잎 그랬으리

한 겹씩 벗어던진 젊은 날 떫은 치기

그 한날 서럽게 살아 얻어낸 선홍빛깔

육신을 버리고서 몸 가벼이 날으리

삶과 죽음 그 어디쯤 막막했던 사람아

가난한 영혼의 한 점 살로 첫봄에 눈뜨리라

거미

몸의 단을 쌓는다 허공에서 허공으로

허물어지는 척추를 올곧게 추스르다

외줄에 무너지는 햇빛 산란의 유리창 밖

언제였나 이제는 아득해진 서른 즈음

먹이사슬 맨 위에서 눈 부라린 그 죄로

속없이 뽑혀 나오는 부끄러운 고해성사

매달린 허공 속 황망함을 닦아내며

그대에게 다가선다 아슬아슬 손 내민다

아직도 뜨거운 오후 신문지로 내걸린 놀

군산

젖은 머리 휘날리는 밤이 더 시리다

돌아누운 어머니 굽은 등을 들이치다

우우우 해연을 달리는 수심 깊은 말발굽

속속들이 어린 몸에 배어들던 비린내

생선장수 딸이라서 어쩔 수가 없었나 봐

짓무른 눈에 담겨오던 해풍마저 무거웠다

해안선을 돌아온 먼 생의 자국마다

칠삭둥이 먹여 살리던 비늘의 무게만큼

홍해의 전설로 늙은 내 여자의 바다여

잘 늙은 호박

떠나온 지 아득한 어머니의 앞섶에서

양수에 귀 열고 지느러미 돋은 채

한 포기 탯줄을 이어 부여잡은 인연의 끈

꽃 아닌 꽃으로 사는 게 영 싫더라

늙을수록 아름다운 사랑이고 싶었다

누렇게 얼굴이 뜨고 주저앉고 싶을 즈음

두려움이 아니다 살갗에 돋는 분내

여인으로 환생하려 온몸이 뜨겁던 날

길고 긴 면벽의 시간 가부좌를 풀고 있다

박대 일기

헛헛한 옆구리를 반쯤만 세우고

얼마만의 잠인가 햇살을 저미며

그림자 낮달로 누워 물소리 듣고 있다

박복한 궤적 따라 걸어둔 그대 이름

가슴에 일던 불길 물에서도 목이 타

그리움 벌컥대며 마시다 올려다본 하늘에

여읜 등허리에 붉은 놀 받쳐 들고

허공을 내닫는 가시고기의 묵은 뼈

슬픔을 올려놓은 밥상에

목울음이 한 그릇

중도에서

철썩철썩 갈증을 비워내던 빈 배 한 척

홍건한 몸을 틀어 햇살 한 줌 흩뿌리니

염부의 긴 고무래가 바다를 건져낸다

한때는 전부였고 하나였던 너와 나

묻어두지 못하고 끓어오른 열정으로

거치른 욕망이 높아 수정탑을 짓는다

뼛속 깊은 접신으로 가벼워진 떨림 그 두

화해는 수없는 멍울로 번진 포말

선무당 두들기는 파도소리 꽃잎으로 떠오른다

꽃샘

돌미륵 코를 베어 베개 밑에 묻어두고

시앗이 떠나가길 정화수에 띄웠을까

그 시앗 몸부닥질에 계절이 뒤섞인 날

백목련 연한 가슴 갯버들 귀밑 솜털

이제 막 첫사랑 저 매화꽃 어쩌라고

변심한 연인의 칼날에 깊이 베인 봄 타래

악물어도 터져버린 여자 눈빛 바람 되어

세월만 홀리다 봄비 속 가물가물

사랑은 떠나가느니 뼛속 시린 배반의 날

쇠뜨기

날리는 봄꽃 그 미련의 길을 따라

서른도 안 된 오빠 수령고지 두고 온 날

속울음 끊지 못하고 꺾이던 엄니 허리

마디마디 꺾인 상처 쑤시고 아린 채

난 아직 그 누구도 차마 못 잊는데

파랗게 봄꽃 자리만 저 홀로 멍들었다

떠나야 한다면서 머물지도 못하는

스무 해 서른 해 시퍼렇게 살아남아

저 언덕 꽃 지운 자리 어쩌지 못해 홀로 선

어떤 봄날

지뢰를 밟았어 아차 하는 그 순간

산화하는 홍매화 붉은 몸 받아들고

보았어 삶과 죽음이 한 몸에 있었음을

오한 증상 맥 짚은 겨울 속의 봄 즈음

실타래 엉킨 속 저리 잘도 풀어내

다 죽은 등걸의 뼛속에 무작정 발화한 길

어쩌면, 아! 어쩌면 또다시 꽃 피울까

너 또한 전쟁 같이 살다 밟았을

한순간 어찌해볼 수 없는

갈림길에 섰던 그 날

기하학 무늬층

사선으로 드러누운 창살의 그림자

발아한 햇볕을 손끝으로 맛보다가

그 마음 닿아보려나 허공을 휘젓는 귀

부풀어 아파트 지상에서 올라오는

목화솜 한 뭉치 뭉게뭉게 받아드니

오래전 내 목을 휘감던 찰랑한 그 머리칼

내 습지에 자라던 무성한 그리움이

기하학 봄 하늘을 무늬로 찍어낸

빛으로 수런수런 아련히 조각보 잇대는 중

입춘 무렵 1

네 번째 발가락 그 뿌리를 아파했다

두꺼워진 각질을 뚫고 나온 티눈이

보랏빛 심장 멀리서 창백했던 서른 그쯤

혼잣말 기대놓은 오래된 아버지 집

기억도 나지 않는 내 얼굴이 가려워

손가락 몇 개를 펼쳐 발등을 긁곤 했다

홀연히 닿고 싶다 유년의 꿈 어디쯤에

서툴게 품어둔 아련한 눈빛으로

발가락 족쇄를 풀고 너에게로 가고 싶다

장닭

불끈 산도 옮기겠다 허공을 움켜쥔 발톱

쩌렁쩌렁 벽을 치는 소리꾼의 신명으로

전생에 봉황이었을까 부신 꼬리 붉은 아침

가슴속 울체를 쏟아내는 지아비의

쟁쟁한 눈빛을 아는지 모르는지

품속의 부산한 식솔들 하루치의 저 소란

때론 너무 높더라 외면했던 거리만큼

가난을 빌미삼아 돌아눕던 울 아버지

오늘도 횃대에 올라 한 목청 돋우신다

밤송이

자궁이 열리고
하늘이 노래진다

오죽하면
천 개의 뼈마디가
어긋날까

악문 채
벼랑 끝에 서야
보이는

어미의 길

옥잠화

종가의 여인일까 옥양목 고운 목선

넉넉한 앞섶에 바람을 들여놓고

고단한 맨발을 가늠하며 한 땀 한 땀 귀 세운다

야무진 손끝에서 수놓인 그 해 여름

바람처럼 바쁘게 울 아버지 가시고

제풀에 목 늘어진 광목 버선 어둠을 꿰맨다

바위 꽃

스치는 깃기바람에도 아린 늑골 깊숙이

희미한 낮달도 가물가물 닦아 넣고

죽은 듯 날개 접으니 살겠더라 살다 보니

돌에도 꽃 피면 돌아온다 하던 사람

익숙한 듯 낯선 하루 오고 또 가고

길어진 손톱에 닿은 하늘 하나 땅 하나

이생이 다 아니다 천 번쯤은 이운 자리

흔적 없이 기꺼이 그리움도 아물면

내차던 얼굴에 피는

아, 저승꽃

수묵 한 점

올빼미

두 눈을 부릅떠도 지켜낼 수 없는 것

사방에 목 늘인 어눌한 저 말더듬이

손 하나 까딱 못하고 냉가슴 가룽대다

식어가는 달빛을 끌어안고 애 끓이는 밤

토방 끝 검은 팽이 눈초리 닿은 곳에

우수수 별빛 떨어져 그리움을 덮고 있다

저 낡은 귀틀집 네모난 상자 속에

깊고도 아득한 먼 마음을 꺼내어

슥슥슥 무딘 발톱 저 새

이승의 끝 잡고 운다

탱자나무 울타리

누군가를 기다려본 오래된 익숙함도

허락 없이 넘어버린 담벼락 사이에서

그림자 어찌할 수 없어 내리꽂은 은장도

뒤란에 삭은 가슴 널어두신 어머니

상처 많은 여자로 가시 끝에 매어두고

그래도 꽃이고 싶어 끌어안은 달의 몸짓

혓바늘 돋기 선 기다림의 한편에서

뒷문 열고 기억을 닦아내는 천상 여자

울안에 가득한 하늘 소리 없이 떠나던 봄

가시연

얼마나 무거운가
마음을 놓게 되고

얼마나 가벼운가
사람도 놓아주던

진종일 참아내던 입안에
가시가 돋쳤다

달빛만 먹었을까
뿌연 살집 둠벙에는

가시뿐인 어머니
오래된 기침들이

몽글게 심지가 올라
무상의 촛불을 켠다

제2부

왕궁리에서 쓰는 편지

내 맘속 풀지 못한 그리움 하나 있다

잊히지 않는다는 것은 얼마나 잔인한가

풍탁에 바람을 걸어

그림자로 늙어간들

차오르는 달빛조차 감당할 수 없을 즈음

잘생긴 탑 하나 조용히 옷을 벗는다

손길이 닿기는 했을까

차마 못 지운 떨림 하나

아, 미륵의 땅 여자 되어 한 천 년은 살아봐야

옥개석 휘어지는 그 아픔을 가늠할지

늦가을 왕궁리에서 쓴다

그대

그대

그립다

배롱나무

여자의 깊은 한은 무명색이 아니랍니다

제 살 속 저미고 뼈마디 다 드러내어

하늘에 쏟은 핏덩이 붉디붉은 꽃이랍니다

시앗 해순이로 말을 잃은 울 어머니

터진 속살 벗기며 어웅어웅 울었습니다

어젯밤 바장이던 그 나무 시앗 봤나 봅니다

붉던 그 꽃 어머니와 무덤으로 갔습니다

골짜기에 다 맺힌 한을 꽃으로 풀어놓고

몸뚱이 피를 모두 뿜습니다

후드득 꽃 집니다

어머니의 밭

꽃상추 네다섯 평 심어보니 알겠네

짧은 밤을 깨우던 긴 신음의 흔적들로

가풀막 자갈밭에서 허리 굽던 육자배기

마디마디 부풀어서 쑤셔대는 관절통

온밤을 앓다가도 무쇠솥 달군 새벽

토방 끝 마른 시래기로 앉으신 울 어머니

묵정밭 도라지꽃 자꾸만 보인다니

헐거운 신발 신겨 뒤란 가는 길

목젖에 응어리 하나 뜨겁게 걸려 있다

오래된 염전

사랑 너무 쉬웠다 스무 살 그 즈음에

미늘에 꿰인 채 펄떡이는 물의 단은

그 무게 가늠할 수 없어 켜켜이 먼 지평선

밟아도 살아나는 물 역력한 기억의 틈

오래된 슬픔은 세상에 등을 기댄 채

이제는 돌아갈 수 없는 그날을 두고 운다

닳고 단 몸뚱이 소금 냄새 질펀해

입술이 타들어가고 온몸의 물 날 떠났다

하늘 끝 바다 그냥 날았다 부력 놓아 버린 채

노랑돌쩌귀

쉰 나이에 몸 가진 어머니가 그 밤에

고아 먹고 죽자 하던 돌쩌귀 한 사발

오지게 깨어버리고 칠삭둥이 딸을 봤다

나 없었음 울 엄마 어떻게 살았을까

애잔한 맘으로 정화수에 치성 올리고

미주알 다 빠지도록 따비밭을 헤매셨지

노랑 돌 씨앗 하나 화분에 심어두고

막내딸만 알아보는 아흔 기억 열어두니

그 말간 웃음에 그만 흔들리는 쉰의 눈빛

토우

한평생이 외롭고 서러워 널 품었느냐

집 한 채 얻어 질리도록 함께 살자

백골이 되어버린 맹세 부릅뜨고 서 있다

흙으로 널 빚듯 마음으로 나를 빚어

세월 다 버리고 들어앉은 이 적막

긴 어둠 하얗게 삭혀 사래 치는 몸뚱어리

한 사람만 그 한 사람만 죽도록 흠모한 죄

내 생에 비늘 떠서 전탑을 쌓으리라

회벽에 낱낱이 적어 그대 혼을 부르리라

달래

숨 깊은 보리밭에 달래 물오른 날은

명지바람 죵긋 세운 마을 어귀 바장이다

울 엄니 그 짧은 봄날 맴을 돌던 자드락

아무리 애써 봐도 지워지지 않는 흔적

달래 물들었나 개켜둔 윗목 어디쯤

샛각시 절대 그 맛 모를 달래된장 얼큰한 맛

팔자도 닮는다지 대를 물린 기다림으로

익숙한 발소리에 밝아진 귀 열어두니

그 남자

바지랑대 끝에서

허아비로 흔들린다

넝쿨장미

전생이 칼이었나 온몸에 날이 섰다

붉은 종기 터지고 수없이 얽은 상처

꽃빛의 깊은 두려움으로 번져가던 바람모지

꿈이었다 그 상처 보듬어 낸 어머니

입안에 돋았던 굵은 가시 저며 내고

몸으로 내 허물 닦았다 터져가는 손등으로

가시로 녹여낸 힘 이제야 몸 비운다

설움도 그리움도 다독이며 묻어 둔

저물녘 머리칼 휘날린다 부서진다

가볍다

이명

기둥 저쪽 사각사각 달빛을 갉아 먹는다

혼불처럼 번득이는 느리지만 분명한

수천의 하얀 다리에 밀려오는 어둠의 벽

뒤척이다 마주친 벼랑 박을 허물고

귓속에서 목뒤에서 느려진 심장에서

반달이 눈동자 깊이 조용한 저 아우성

부수고 짓밟고 완전하게 치웠는데

흐릿한 눈초리 밤새워 부벼댄다

죽지 끝 황토물 휘도는 그 퇴화한 귀 울음

동백기름

태기가 있었을까 달거리 거른 밤에

묵지근한 통증 알큰한 신열

마량리 맞닿은 바다 내 속처럼 출렁댔지

어머니 머리에만 흐르던 묘한 윤기

풍뎅이 날개 닮은 느글대던 양수 냄새

첫 아이 입덧에 더해 하늘이 노랬었지

푸석한 반백 머리에 기름을 발라보니

오래된 체증이 신기하게 가라앉데

닫아건 가슴속에서 동백 한 송이 올라오데

달개비

청동의 푸른 넋으로 한 천년쯤 사무치다

석양, 빚인 양 지고 바람모지 지켜 선

그 이름 되뇌고 살았을 마디마디 쪽물 든

담금질에 앙다문 제 설움을 젖히고

그리움마저 내리치는 매질 자리 덧이나

수심도 접어내는 파도 빛살 환한 신음 소리

한 번도 소리 내어 울지 않고 살았을

아흔의 몸으로 기억하는 내 이름을

저무는 기억 끝에서 자꾸 외는 울 어머니

춘포역

봉개덕실 외삼촌 돌아간 열아흐렛날

농림학교 통학 친구 기재 아재 울었다

봉개역 외발이 식당 속도 없이 웃던 삼촌

기차도 사람도 가고 오지 않는 밤

환청으로 기적 소리 한 짐 얹은 소나무 옆

아흔 살 막내 할머니는 목발 속을 걸어갔다

각시수련

속에서 천불이라고 훌훌 벗던 어머니

물려받은 몸뚱이는 늘 화로다

연못에 뛰어든 여름비

화병火病인가

안개 속이다

150센티 말상인 샛각시에 밀려나

눈물로 넘쳐났을 엄마 집 연못 위에

불 없이 타고 남겨진

새하얀 재

딱 한 줌

오동꽃

깊고도 이유 없는 맘 갈아엎고 심어둔

살아서 닿을 수 없는 오래된 나무 끝에

무심한

무심한 듯이

아린 상처

아! 그 체취

갈대

소문 속에 묻어온 별빛을 흩뿌리고

막막한 설움 몇 점 뒤척이며 울었어

절대로 보낼 수 없어 내게 씌운 그 올가미

질척이는 외로움에 헛발 디딘 늪 언저리

몸부림칠수록 더 깊이 더욱더 깊숙이

서늘히 타고 오르는 눈빛 하나 말아 쥔 채

들었어? 그리움 한 올 한 올 서는 소리

세포마다 기억하는 그 억센 역류로

마른 늪 발로 다지는 내 뜨거운 모래시계

서른 즈음

저물녘에 시작된 미열의 아린 통증

어머니는 증상 짚어 신열이라 말했지

차올라 걷잡을 수 없는

내 입안의 뜨거운 숨

당신이 모르는 앞산 숲속 뛰어들어

훌훌 벗고 솔바람 들이쉬면 아, 거기

속껍질 뚫고 돋아난 햇것인 쥐똥 멍울

그 작은 숲에서부터 시작된 일이었어

엄나무 줄기 붙들고 가쁜 숨을 고르면

흰 몸을 타고 번지던 살의 불 그 불티들

빈대

습기 진 비닐장판에 쩌억 쩍 발이 붙어

쏟아지는 허기 딛고 별을 보고 나서야

그림자 그 섬에 갇힌 어둠의 태를 본다

허름한 쪽방 안쪽 책상 위에 붙은 사진

낮에도 불 밝히는 산 번지를 지우고

막막한 서른이 넘고 마흔 쉰이 넘어가도

먹는지 먹히는지 한 마리 작은 벌레

어둠을 깁고 시간 밖을 기어 나온

퀴퀴한 책상에서나 그림자를 갉아댄다

서낭풀이
— 김학순* 할머니께

서낭 저쪽 방직공장 신기루의 늪에서

오색 천 부여잡고 아쉽게 놓친 손

서낭 길 애쓰고 넘던 열일곱만 오십 년

역사 위에 몸뚱어리 누가 던지라 했나

오욕의 분녀로 무수히 덧대 기운

허방에 기도를 두고 헌 목숨을 놓곤 했다

길의 끝 어디쯤일까 뒤돌아볼 즈음에

머플러 동여주고 간절했을 누군가는

열일곱 맑은 눈빛 따라

나비

나비 날린다

* 김학순(金學順, 1922~1997) : 위안부 실상을 최초로 증언함.

각시붓꽃

당신의 앞자리를 내어주고 더 작아진

봄을 앓아내던 서른의 울 어머니

파랑새 말없이 날아와 그 조차 박제된 뜰

잡히지 않는 인연 놓아주면 그뿐인데

숫돌에 곱게 벼린 칼 같던 마음

풋 각시 가슴에 써 내려간 청잣빛 환한 둘레

고깔 제비꽃

삼생 다 산 제비 종소리 보듬었다

그늘도 곱게 닦아

마음 안에 걸어 두면

비구니 하얀 고깔 속

머뭇대는

아! 이 봄날

제3부

뒤란

금 죽죽 간 항아리 철삿줄로 동여맸다

저며낸 듯 창이 난 입속의 신음 뚫고

첫 봄날 어머니 뒤란에 툭툭 터진 시간들

울타리 쐐기 박고 뒤란 하나 내고 싶다

머윗잎이 뒤덮인 적막도 꽃이 될까

몸뚱이 쉬어가도록 두고 싶은 무상의 뜰

자오선

네가 아프게 밝혀 든 그날의 돌담길

목 터져라 외쳐대도 수신되지 않는

막둥이 눈자위만 깊어 바람 소리 가득한

불거지며 번지다가 홍건한 흔적 따라

비루한 고백을 받아든 촛불들이

4월의 손가락으로 그을음을 닦아낸다

월식이 가두었던 정오의 궤를 열면

노란 빗금 그 선 위에 귀 울음이 멈춰선 곳

눈멀고 귀먹은 자리 등나무만 얽혀간다

화살나무

나는 늘

타오르는 불 속에 있었다

너의 그 겨자씨만 한 불씨가 처음

발목을 태울 때까지는 두렵지도 않더니

사르고 또 살라도 태우지 못하는

불이 불을 삼켜도

타지 않는 그 불

나는 늘 꺼지지 않는 그리움 속

불이었다

동지 무렵

허리 굽혀 발톱 깎기가 너무 어렵다

녹슨 가위 집어 들던 그 날 밤

어머니처럼

구부려 구부려 봐도 발톱에 닿지 않는

애쓰는 몸뚱이의 거치적거리는 시간

기억 속 빈 가슴에 박혀 흔들리는

침침한 아주까리 등불

첫눈 내리는 옴팡 집

입춘 무렵 2

털 고른 암고양이 가르랑대는 토방 아래

웅크린 그늘이 꼬리 떼고 내달리면

발톱을 으르렁대는 앙칼진 바람의 끝

뱀 무늬 앙상한 은행나무 밑동을

허물을 벗어들고 구불구불 돌아서

독 오른 그리움 꼬리 뵐듯 말듯 그 틈새에

그 날처럼 따뜻했던 햇살이 다가와 앉곤 했다

귀이개 간질이며 올듯 말듯 빠져들던

잠 속의 그 잠 속의 너는 바람일까 꽃일까

부처꽃

나 죽거든

날만 새면 그 소리

흘겨보면

삼복에 치렁치렁 퍼갖고 어쩐다냐

무덤에 저 꽃 조께 심어라잉

귀 쟁쟁한

달빛 한 점

잘피

누울 곳 없겠냐 동해 울릉 바다 깊이

자분자분 저며 낸 아득한 네 붉은 혀

늪처럼 달고 깊은 맛 몸서리치곤 했다

널 보내고 가라앉아 환도뼈 동여맨 밤

날개에 달빛 얹은 눈 환한 흑비둘기

이 세상 가장 깊은 속 물의 가슴 헤쳐낸다

참고 살지 그립다고 내걸린 결마다

붉디붉은 상처를 기어이 열고 나와

몸뚱이 물에 기댄 채 살아내는 그 바다 꽃

부지깽이 나물

가슴속 불이 꺼진 어머니의 날들이

처마 끝에 매달려 덜컥이던 그 새벽

등짝을 뜨겁게 달구는 고춧대 타는 소리

차마 뱉어내지 못한 목울음 하나가

문풍지에 끼인 채 바람에 야위고

수랑골 빈 솥에서 끓던 가난한 눈물 한 섬

느 아부지 가슴에 불잉걸이나 될 걸 그랬다

반쯤 남은 연민으로 불 헤젓던 부지깽이

어머니 아픈 명치에

그래

그래

그 나물

벽화를 그리다

도도했다 치미*를 치받친 붉은 이마

언제나 네 앞에선 섣부른 나였기에

발밑은 초경의 흔적 혼색 오른 저물녘

난 어쩜 붉은 그것 두 손에 받쳐 들고

가슴에서 발원한 바람이 산맥을 돌아

골짝을 건너온 순식간을 어떻게 그려냈을까

스치기도 애틋한 그냥 두긴 눈에 선한

작은 입속 하르르 새 울음을 쏟아내곤

선연한 봉황 한 마리

화인인 듯 붉은 놀

* 치미 : 목조 건축 용마루의 양 끝에 높게 부착하던 장식 기와.

봄 어느 골짜기

지금 널 안고 싶다 욕망의 깊은 그곳

솔바람 탐스러운 가슴을 열어젖혀

한입 꽉 베어 물면은 아 거기 노란 젖물

잘 여문 맑은 속살 말랑해진 눈빛도

둥그런 품으로 안겨드는 여인의 꿈

바람씨 홀연히 차올라 마침내 다다른 곳

한사람이 겪어낸 깊은 겨울 볕에 널고

지금 그 사람 욕망의 끝을 민다

또다시 가쁜 숨 몰아쉬며 살아내는 저 목숨

황태

휘휘 돌다 얼어붙은 까마귀 앉은 자리

뼛속에 깊이 박힌 높새바람 한 점 얻어

풍장이 지키지 못한 몸 위에 바쳤다

울어줄 사람 있다면 그 앞에 서보리라

햇살이 적막에 가 닿으면 비춰보리라

너 있는 이승 한 자락 악물고 움켜쥔 채

수없이 까무러치다 깨어난 그 해 겨울

내 혼의 저편 피리 소리 내달리던 용대리

살아서 닿을 수 없는 노란 꽃이 피어났다

해당화

파랗게 젊은 낮달

달아맨 하늘 아래

쩌 억 쩍 갈라지는

따비밭을 토닥이던

어머니

녹색 치마꼬리에

다홍치마 그 계집애

창포

쪽문 열고 댓잎 소리 홀로 쫓던 어머니

다듬이질 날 세워 짚어가는 그늘 저쪽

그믐달 파랗게 질려 와르르 무너진

귀 닫힌 옴팡 집 문고리 잡던 바람 소리

삼단같이 얹었다가 삼단같이 풀어내

봄 한 촉 갈기를 세운 청자물빛 명주 고름

북어 1

물내가 싫다 해서 그 바다를 버렸다

속없이 살자길래 창자도 비웠는데

가졌던 모든 것이 다

죄라고 두들긴다

농암 종택 마룻대 명주 감고 올라서

부릅뜨고 지켜온 종도리 오랜 내력

나 죽고 너 살자는데

몸뚱이쯤 못 내줄까

간동해진 마른 영혼 무명실로 여미고

바람의 결 다잡아 그 눈빛 길들이며

허공에 무심히 튼 집

등 붙이고 살란다

아버지

물자세 올라서자 달빛이 길을 낸다

봇도랑 깊도록 은물결을 채우리

허공에 촘촘히 박힌 별을 길어 내린다

뻔했던 서마지기 또 한 평의 돌짝밭

여섯 남매 곯던 배 당신 주려 채워놓고

소 같던 무딘 허리도 못 견디고 무너졌다

형형하던 눈빛이 동굴처럼 깊어가고

양 볼이 깊숙하게 골 팬 물소리에

오늘도 밤새운 물자세 사철 없이 돌아간다

북어 2

너에게 가는 길이 골고다 그쯤일까

마르고 말라가다 간절해진 한마디

갈증의 낭떠러지에 아슬아슬 걸린 채

물과 피를 쏟고서 간동해진 몸뚱이

엘리 엘리 그리움도 라마 사박다니

무심한 무심한 듯이 노을 젖는 그 언덕

맨드라미

내 마음의 저 울안 두엄자리 외딴 섬

육덕진 몸피에 체취 참 남달랐어

목 늘인 깨중가리 눈빛 움켜잡은 닭 벼슬

속울음 주름진 곳 그 울음은 꼿꼿했어

한 켜 한 켜 쌓아 올린 우듬지 바람 끝은

낭자한 불새 한 마리의 천불로나 살라질까

비린내 없는 것의 촉촉한 이름들을

그 날선 혀끝에 한 점 한 점 새긴다면

한동안 울컥이던 것들

맑아질까

맑아질까

불갑산 꽃무릇

달빛만
먹고도
윤나는 그 안섶이

바람만 듣고도 발원하는 꺼풀들이
부르르
털고 일어난
불의 눈물
수
백
개

붉기가
네 혀 같은
나비 떼 날아올라
이제 막 말문 트인 배냇짓을 건진다

번지는
적막이 받쳐 든
부력의
소
용
돌
이

아겔다마

— 알베르토 자코메티 〈걷는 남자〉

겨자씨 한 말만 한 그날을 시작으로

너를 달라고 목숨의 반을 걸었다

그 많은 맹세를 버리고 느닷없이 돌아선 너

마음에 불을 켜고 귀를 세운 시간들

어째서 너였을까 손톱 밑 붉은 피밭

무망無望의 힌놈 골짜기 걸어가는 가룟 유다여

제4부

당간지주

그 옆구리 통증이 들출수록 깊어지다

금이 간 갈비뼈를 바람처럼 동여매고

미륵사 남쪽 마당에 홀린 듯 들어섰다

누구의 난청이 깃발로 걸린 걸까

죽어도 나라더니 네 옆의 눈 큰 여자

돌의 귀 자꾸 문지른다

돌이 선다

돌이 선다

금산사 빗 모란 꽃살문

칼끝을 끌어안은 나무의 속살에서

오래전 잠들었던 매미의 울음들이

모란꽃 줄기를 오른다

빗금으로 사린다

솟을 꽃살 모서리에 귀 한쪽을 걸치고

너에게 이르는 그 길을 물었더니

꽃술을 푹 찔러 보인다

손끝에 피 묻었다

임피역 은행나무
― 채만식 생각

빛살 저편 걸어오는 자매의 귓바퀴에

집어등 휘영청 물무늬로 흔들리다

젖무덤 가까이 오자

출렁이는

저 탁류!

물의 껍질 벗겨내는 말귀 트인 저 새가

새벽 바다 물고 온 일곱 량輛의 기차에

종소리 천 겹 만 겹 새긴다

젖은 그 몸

아연 깊다

입동 부근

빗살무늬 토기 편 발끝으로 차고 가는

옥산 둘레길 언뜻 비친 스산한 눈

길 내내 등 뒤에 꽂혀

자박자박 따라온다

껴입어도 시려오는 굴참나무 수피 같은 날

햇살 비켜 닿은 곳을 먼빛으로 지키는 새

지빠귀 노란 울음이

서리 한 단 엮고 있다

솜틀집

안개가 잘박인다 구름이 모여든다

늙은 새의 부리가 둥글게 찍고 있는

저 낡은 겨드랑이에서

비늘이 떨어진다

짓눌려온 말들이 들추어낸 집 한 채

허망한 살과 뼈를 어르시는 어머니

무겁던 몇 포기 잠들이

뭉게뭉게 일어선다

그믐

세필細筆로 그린 달빛 실눈 뜨고 천정을 본다

바람의 틈바귀로 맘 툭툭 떨구다

신월의 투명한 손길 네 모습 그려낸다

첩첩 깊은 그 어둠 배꼽을 더듬는다

음력의 탯줄이 너와 나를 잇는 삭일

축축한 물뱀 두어 마리 휘감듯 오른다

돋움발에 힘을 준다 눈썹을 올려 뜬다

닿을 듯 아득한 내 몸의 저 아랫녘

컴컴한 그리움 한 채 능선 밟고 소슬하다

포도

결국 너를 쥐어짰어 알들이 터졌어

으깨진 분화구가 흘러내린 옆구리

엎드려 너를 핥았지

아! 촉촉한 꽃 냄새

뒤축을 접고 있는 온몸의 충동들이

한 끼의 허기로 발끝까지 몰려오면

껍질 속 남겨둔 자궁을 윤기 나게 닦을 거야

대궁으로 밀어 넣은 꽃씨의 촉감이

두 번째 손가락에 미끈댈 때 알아챘어

넌 나를 가로채 갔어 퉁퉁 불은 내 몸을

하와의 비망록

가슴의 껍질을 한 겹 한 겹 벗겼어
나 혼자 찾아 든 등뼈의 거푸집은
다르다 모든 소리가 사라진 빛 별의 구멍

라마넝쿨* 넌출 대듯 날 휘감은 뱀의 혀
마지막 날개로 달 아래를 가려도
바라봐 수천 년 응결된 컴컴한 아랫도리

사로잡힌 짐승의 불 컨 눈을 보았어
아무도 들지 않는 이 그리움의 골방 한 칸
자리는 뼛골에 첩첩 쇳대를 채웠어

차곡차곡 네 등에 꽂아 넣은 일요일
카인의 황토밭이 사막을 삼킬 때
타락한 붉은 사과가 돌아오고 있었어

파국은 언제나 내 품에 있었던 걸
하얗게 고치가 된 방들을 부쉈어
봉인된 옆구리에서 일어서는 아! 갈비뼈

* 라마 : 박주가리 새밥.

천상열차분야지도

밤안개의 살점들이 북쪽에서 몰려올 때

돌에 새긴 맹세가 붉은 달을 파먹을 때

쏟아진 달빛에 밀려 긴 하혈이 시작됐다

그 밤에 열두 걸음 목성을 따라 걷다

뒤돌아 손짓하던 근시안의 내 남자는

하늘에 두 귀를 대고 천문을 읽고 있다

돌 속에 갇혀 있던 빗장 지른 내 말들이

적도의 물길 속을 콸 콸 콸 흘러갈 때

오래된 아홉수 소녀가 내 몸에서 돋아난다

종지

가운데 손가락이 속옷을 들췄을 때

겹겹의 날개들이 후드득 날아왔다

탱탱한 날것의 몸이

입속에서 낭자했다

발이 작은 여자는 우물로 내려가

앵두 빛 뒤꿈치로 작두날을 올라탄다

골방엔 암흑보다 깊은

내 동공이 박혀 있다

끓어오른 바다에는 폭풍의 풍장소리

전차의 바퀴들이 혀끝을 지나갈 때

그 앞에 몸을 접으면

하반이 곧 어둠이다

오래된 그늘

골마지를 긁어내자 건반들이 보였다

씨알 굵은 유월 새우 발목이 젖은 채

분홍빛 허벅지 아래 광택 푸른 피아노

오래됐다고 다 늙어 나자빠진 것 아닌 겨

익숙하게 즉흥환상곡 시작되는 날이면

하늘이 풍덩 담기며 맛 그늘이 깊어진다

뉘엿뉘엿 예순 중반 누룩으로 핀 말들과

장아찌는 녹턴으로 젓갈들은 라르고로

항아리 우물 빛 연주는 어머니의 용수였다

퉁퉁마디

자줏빛 좋아하던 우리 엄마 부뚜막

퉁퉁마디 어린 것 조물조물 무쳐내어

쉰둥이 칠삭둥이 딸 늑막염을 고쳐냈죠

손 관절 부어오른 생선장수 울 엄마

언 명태 떼어내다 갈고리에 찍히고는

굽은 손 펴지 못한 채 등 돌리고 울곤 했죠

내 손도 통풍인데 아픔 어찌 참았나요

엄마 엄마 다음 생에 내 딸로 태어나서

한평생 고운 손으로 나붓나붓 사세요

퉁퉁마디 꽃

난바다의 헛바닥이 천 개의 섬을 핥는다

태평염전 돌아 섬 안쪽 짱뚱어 다리

물떼새 날아간 하늘 밑 수은등이 켜진다

증도에 살다가는 짱뚱어가 될 거라고

거품 무는 칠게처럼 뻘 속 길을 헤집어도

마음의 퇴적 더미만 쌓아가는 너의 가슴

비늘을 쓸 때마다 파도가 뒤척이고

자줏빛 물에 갇혀 내 이름도 희미할 때

섬 속에 섬을 쌓는 널 지운다 밀물진다

입점리 고분

그의 귀를 헤치고 황토물을 꺼낸다

날것으로 터지는 금강의 새 울음이

먹먹한 양쪽 어깨를 툭툭 치며 날아간다

내게 오는 그 길은 맨발로 올 수 없어

한 켤레 신겼던 암묵의 올가미

북두의 별빛 그리움 칡넝쿨로 얽혀든다

몇 번을 거듭나야 우리 다시 만날지

문지방 닳아 없어진 점멸 무늬 가득한 집

느리게 천문이 열린다 나는 아직 그의 여자다

산수유 축제

떨기나무 층층마다 산실이 들어서더니

부화된 붉은 알에서 푸른 별이 태어나듯

저 하늘 청청한 별들은 층층나무 알이라는데

풍장을 치는 할배 내 눈 속에 들어와

불같이 돌리는 상모 따라 산통이 오고

양수가 허벅지 위로 용암처럼 흐르는데

구례 안쪽 일흔 넘은 산동댁이 깔고 앉은

지리산 한 자락을 훌렁훌렁 들추어내면

그 속내 섬진으로 넘쳐 겨우내 뜨겁다는데

풍등

불같은 몸 보듬고

어찌 살까

이 나이쯤

어디로 던졌을까 다비된 하얀 뼈

너마저

너마저 놓아버리면

가볍겠지

사는 일

목백일홍

자궁이 열렸다 바람의 끝을 놓았다

발가락을 찌르던 묻힌 길의 가시들이

척추를 온통 포진한 전쟁 같은 그 여름날

무심히 피고 지던 내 첫사랑 다시 왔나

빗장을 허물어뜨린 가려움증 깊숙이

배반의 혀끝에 핀 열꽃, 몸 이울며 쏟는 피

■해설

생의 강렬한 메타포와 역사 신화적 에코페미니즘

이지엽
경기대 교수 · 사)한국시조시인협회 이사장

　정진희 시인의 작품에는 강렬한 생의 불꽃이 있다. 삶에 대한 긍정적 에너지가 충일하며 이는 여성성을 중심으로 잘 형상화되고 있다. 이 여성성은 물론 어머니로부터 물려받은 것이다. 인고의 견딤과 순종의 미학으로 다져져 온 것이긴 하지만 시인은 여기에 머무르지 않고 적극적으로 나아가며 주체적인 자각을 보여주는 특징을 보이고 있다. 이것은 어떠한 과정을 통해 형상화되고 있는가. 이를 보다 체계적으로 살펴보고자 하는 것이 이 글의 의도다.
　시인의 첫 시집이기도 한 이 작품에는 어머니를 시적 대상으로 한 작품이 상당수에 이르고 있다. 「군산」, 「잘 늙은 호박」, 「탱자나무 울타리」, 「가시연」, 「배롱나무」, 「어머니의 밭」, 「넝쿨장미」, 「동백기름」, 「달개비」, 「각시수련」, 「각시붓꽃」, 「뒤란」, 「부지깽이 나물」, 「해당화」, 「창포」, 「솜틀집」, 「쇠뜨기」, 「밤송이」, 「달래」, 「동지 무렵」 등의 작품어 이에 속한다. 적지 않은 작품이 이렇게 창작된 것은 시인의 태생과 어머니가 한 몸처럼 겪어야 했던 다음의 작품에서 답을 찾아볼 수 있다.

> 쉰 나이에 몸 가진 어머니가 그 밤에
> 고아 먹고 죽자 하던 돌쩌귀 한 사발
> 오지게 깨어버리고 칠삭둥이 딸을 봤다
>
> 나 없었음 울 엄마 어떻게 살았을까
> 애잔한 맘으로 정화수에 치성 올리고
> 미주알 다 빠지도록 따비밭을 헤매셨지
>
> 노랑 돌 씨앗 하나 화분에 심어두고
> 막내딸만 알아보는 아흔 기억 열어두니
> 그 말간 웃음에 그만 흔들리는 쉰의 눈빛
>
> ―「노랑돌쩌귀」 전문

이 작품의 내용은 참으로 간절한 내용을 담고 있다. 나이 쉰이 되어서 아이를 가진 것이다. 그러니 어머니는 이 아이를 지우고자 "돌쩌귀 한 사발"을 고아 먹고 같이 죽자 작정했건만 인명은 재천이라 "칠삭둥이 딸"을 봤는데 그게 바로 시적화자였다는 것이다. 늦은 나이에 아이를 봤으니 "미주알 다 빠지도록 따비밭을 헤매"며 잘 건사하기 위해 무진 애를 썼을 것이다. 그런데 그런 어머니가 아흔이 되었고 치매에 걸린 것이다. 시적화자의 나이도 마흔이 됐으니 이제 세상 물정을 다 아는 어미가 되었다. 치매인데도 막내딸인 시적화자를 알아보는 이유는 "고아 먹고 죽자 하던 돌쩌귀 한 사발" 때문일 것이다. 그러니 어머니 말간 웃음에 어찌 눈물 빛이 어룽거리지 않겠는가. 시적화자는 생래적으로 이 어머니의 유전인자를 그대로 이어받은 것은 아

닐까. 아흔 어머니의 말간 눈빛은 시적화자를 가졌던 "쉰의 눈빛"을 그대로 품고 있고 그것은 곧 '마흔의 눈빛'인 화자에게로 그대로 전이되고 있는 것이다.

　꽃상추 네다섯 평 심어보니 알겠네
　짧은 밤을 깨우던 긴 신음의 흔적들로
　가풀막 자갈밭에서 허리 굽던 육자배기

　마디마디 부풀어서 쑤서대는 관절통
　온밤을 앓다가도 무쇠솥 달군 새벽
　토방 끝 마른 시래기로 앉으신 울 어머니

　묵정밭 도라지꽃 자꾸만 보인다니
　헐거운 신발 신겨 뒤란 가는 길
　목젖에 응어리 하나 뜨겁게 걸려 있다
　　　　　　　　　　　　　　　―「어머니의 밭」전문

　시적화자는 텃밭에 꽃상추를 심어보고서야 어머니 "긴 신음의 흔적들"과 "허리 굽던 육자배기"의 설움을 이해하게 된다. 더욱이 곤궁한 살림이니 어머니의 밭은 고작해야 "가풀막 자갈밭"이었다. 마디마다 쑤시는 관절통으로 온밤을 앓아도 새벽이면 일어나서 일상을 어김없이 열어가셨다. 시적화자는 이런 어머니의 모습을 "토방 끝 마른 시래기"로 비유해낸다. 모든 애정과 사랑을 다 쏟아내고서도 기꺼이 가족들의 알용할 식량이 될 어머니의 생애를 말라서 푸석푸석해진 시래기 속에서 읽어낸 것이다. 그런 어머니가 이제는 죽음에 가까이 접어들고 있다. "묵정밭 도라지꽃"의 꿈속 얘기와 "헐거운 신발", "뒤란"이 상징하는 것이 바로 다름 아닌 어머니의 죽음이다. 그러니 어머니의 그 "가풀막 자갈밭"이 어찌 목젖에 뜨거운 "응어리 하나"로 걸리지 않겠는가. 말하자면 이 '밭'은 마치 소설가 박완서에게 있어서 '말뚝'과 같은 존재라고 말할 수 있다. 이 어머니의 밭은 「군산」에서는 "돌아누운 어머니 굽은 등을 들이치다/ 우우우 해연을 달리는 수심 깊은 말발굽"으로 형상화되기도 하고 허망한 살과 뼈를 어르시는 어머니 「솜틀집」으로 나타나기도 한다.

죽음을 상징하는 '뒤란'은 보다 복합적인 기표로서 작용하고 있음을 볼 수 있는데 「탱자나무 울타리」에서는 는 어머니가 본래 여성으로서 가지고 싶은 것을 함유하는 공간으로 "상처 많은 여자 가시 끝에 매어두고/ 그래도 꽃이고 싶어 끌어안은 달의 몸짓"으로 형상화시키기도 한다.

이러한 어머니에 대한 모습이 시적화자의 작품 속에서 생태학적인 시적 대상을 통하여 구체화되는 것은 결코 우연이 아니다.

한 번도 소리 내어 울지 않고 살았을

아흔의 몸으로 기억하는 내 이름을

저무는 기억 끝에서 자꾸 외는 울 어머니

―「달개비」셋째 수

속에서 천불이라고 훌훌 벗던 어머니

물려받은 몸뚱이는 늘 화로다

연못에 뛰어든 여름비

화병인가

안개 속이다

　　　　　　　　　　　　　　　　　　　－「각시수련」 첫 수

느 아부지 가슴에 불잉걸이나 될 걸 그랬다

반쯤 남은 연민으로 불 헤젓던 부지깽이

어머니 아픈 명치에

그래

그래

그 나물

　　　　　　　　　　　　　　　　　　　－「부지깽이 나물」 둘째 수

「달개비」나 「각시수련」, 「부지깽이 나물」은 시골에서 접하는 흔한 꽃과 나물이다. 생활에서 그냥 손쉽게 보이는 것들을 시적화자는 어머니와의 상관관계를 통해 인식한다. 시적화자는 이

대상들을 통해 어머니의 참모습을 담아내려 하고 있다. 그 어머니의 상은 구체적으로 어떠한가. "한 번도 소리 내어 울지 않고 살았을" 어머니다. 억울하다고, 기막히다고 자신을 결코 드러내지 않았던 어머니다. "속에서 천불"이라도 그것을 남에게 전가하지 않고 홀로 감내하는 어머니다. 그래도 못나도 못이 박혀도 "느 아부지 가슴에 불잉걸이냐" 되어 "반쯤 남은 연민으로 불 헤젓던 부지깽이"로 지아비를 지성으로 섬기고자 했던 어머니다.

그러나 시적화자가 어머니로부터 체득한 이러한 고난과 아픔, 인내와 삭힘, 견딤과 순종의 길에서 머무르지 않고 보다 성숙한 생의 활력과 에너지의 여성상으로 나아가고 있음이 보다 주목된다.

> 몸의 단을 쌓는다 허공에서 허공으로
> 허물어지는 척추를 올곧게 추스르다
> 외줄에 무너지는 햇빛 산란의 유리창 밖
>
> 언제였나 이제는 아득해진 서른 즈음
> 먹이사슬 맨 위에서 눈 부라린 그 죄로
> 속없이 뽑혀 나오는 부끄러운 고해성사
>
> ―「거미」 전문

> 두 눈을 부릅떠도 지켜낼 수 없는 것
> 사방에 목 늘인 어눌한 저 말더듬이
> 손 하나 까딱 못하고 냉가슴 가릉대다
>
> 식어가는 달빛을 끌어안고 애 끓이는 밤

토방 끝 검은 괭이 눈초리 닿은 곳에
우수수 별빛 떨어져 그리움을 덮고 있다

저 낡은 귀틀집 네모난 상자 속에
깊고도 아득한 먼 마음을 꺼내어
슥슥슥 무딘 발톱 저 새
이승의 끝 잡고 운다

―「올빼미」 전문

「거미」나 「올빼미」에서 드러나는 것은 사회적 약자로서의 아픔을 대변하는 존재라는 것인데 이것이 어머니의 길과 여자의 길이라는 공통분모와 만나고 있는 것은 으연이 아니다. 어느 평론가의 말을 인용하지 않더라도 사유의 지평에서 현실을 바라보면, 지금 우리가 구속되어 있는, 그리고 향유하고 있는 일체의 제도나 관습, 규율, 실정법에서 상정하고 있는 '인간'이란 '건강한, 한국, 남성'이라는 것을 쉽게 알 수 있다. 말하자면 너무 편파적이고 부당한 대우를 여성들은 받고 있다는 것이다. 한국말을 모르는 네팔 여인이 지갑 없이 나와서 밥을 먹다가 무전취식으로 경찰서로 이송되고 결국 6년여의 정신병원 감금으로 이어졌다는 이야기는 어이없음을 넘어서 우리를 지배하는 현실의 법과 제도가 얼마나 맹점이 많고 폭력적인가를 잘 보여주고 있다. 말하자면 우리의 위대한 국가 권력 아래서 '시민'으로 보호하고 있는 범주 안에는 장애인, 이주노동자, 동성애자 그리고 '여성'이 잘 보이지 않는다고 볼 수 있다. 「거미」에서는 "허물어지는", "무너지는", "아득해진", "부끄러운" 등의 수식어를 통하여, 「올빼미」에서는 "어눌한", "애 끓이는", "우수수 (별빛) 떨어져", "깊고도 아득한" 등의 수식어를 통하여 각각의 시적대상이 이 사회로부터 결코 보호받지 못하는 존재임을 드러내고 있다. "외줄"이나 "고해성사", 혹은 "말더듬이"나 "냉가슴"은 사회적 약자나 여성 화자가 지닐 수밖에 없는 숙명적인 굴레일 것이다. 그러나 이것은 굴종이 아니라 견딤이다. "눈 부라린 그 죄"나 "두 눈을 부릅"뜬 아픔을 마음속에서 뽑아내어 견디는 것이다. 이러한 인고의 고정을 겪은 후에 시적화자는 의미 있는 곳에 드디어 도달하고 있다.

> 자궁이 열리고
> 하늘이 노래진다
>
> 오죽하면
> 천 개의 뼈마디가
> 어긋날까
>
> 악문 채
> 벼랑 끝에 서야
> 보이는
>
> 어미의 길
> ―「밤송이」전문

그러한 여성의 길을 시적화자는 "천 개의 뼈마디가 어긋"나는 고통을 건너며 새롭게 자각하게 된다. 그리고 "악문 채/ 벼랑 끝에 서야/ 보이는// 어미의 길"에 시적화자는 마침내 다다르게 된다. 한 여성으로 온전히 서면서 독립적 주체로 서게 되는 것이다. 그것은 작품에 드러나듯이 결코 쉽게 얻어지는 길이 아니다. 모든 뼈마디가 다 어긋나고 "벼랑 끝"에 서야 가능한 일이기 때문이다. "고아 먹고 죽자 하던 돌쩌귀 한 사발"의 고통이 수반된 길이고 늘 화로인 몸뚱이의 육신이 천불 나던 길이다. 그러나 어느 것이고 극지점에 이르면 모든 것이 진리에 수렴되는 법! 시적화자는 거기에서 오롯하게 "어미의 길"에 이르게 된다. '어미'는 시적화자가 여성의 주체로서 올바르게 서는 지점이다. 강렬한 여성성이 비로소 한 방향으로 결집되면서 비로소 독립적 주체로서의 자각이 한 영역으로 자리 잡게 되는 것이다.

> 들었어? 그리움 한 올 한 올 서는 소리/
> 세포마다 기억하는 그 억센 역류로/
> 마른 늪 발로 다지는 내 뜨거운 모래시계
> ―「갈대」셋째 수

> 무심히 피고 지던 내 첫사랑 다시 왔나/
> 빗장을 허물어뜨린 가려움증 깊숙이/
> 배반의 혀끝에 핀 열꽃 몸 이울며 쏟는 피
> ―「목백일홍」둘째 수

> 달빛만 먹었을까/ 뿌연 살집 둠벙에는//
> 가시뿐인 어머니/ 오래된 기침들이//
> 몽글게 심지가 올라/ 무상의 촛불을 켠다
> ―「가시연」둘째 수

시인의 자각은 「갈대」, 「목백일홍」, 「가시연」 같은 자연물을 통해서도 나타나고 있는데 「갈대」를 통해서는 갈대가 섬세하게 일어서는 소리를 "세포마다 기억하는 그 억센 역류"의 역동성으로 형상화 시키고 있으며, 「목백일홍」에서는 꽃의 시각적인 요소를 "허물어뜨린 가려움증"과 "혀끝에 핀 열꽃"의 촉각적 요소로 치환하면서 공감각적인 효과를 통해 첫사랑의 강렬성을 보여주며, 「가시연」에서는 가시뿐이지만 몽글게 심지가 오른 촛불의 이미지를 통해 시적화자의 여성성이 충일함을 보여주고 있다.

> 동살이 밝힌 물길 야윈 등을 다독이다/
> 나 다시 태어나 너의 짝이 되리라/
> 살 속에 가시길 박힌 그 바다를 건넌다
> ─「자반고등어」 셋째 수

> 육신을 버리고서 몸 가벼이 날으리/
> 삶과 죽음 그 어디쯤 막막했던 사람아/
> 가난한 영혼의 한 점 살로 첫봄에 눈뜨리라
> ─「홍시」 셋째 수

> 한 사람만 그 한 사람만 죽도록 흠모한 죄/
> 내 생에 비늘 떠서 전탑을 쌓으리라/
> 회벽에 낱낱이 적어 그대 혼을 부르리라
> ─「토우」 셋째 수

> 그 작은 숲에서부터 시작된 일이었어/

엄나무 줄기 붙들고 가쁜 숨을 고르면/
흰 몸을 타고 번지던 살의 불 그 불티들

―「서른 즈음」 셋째 수

이 여성성은 "살 속에 가시길 박힌 그 바다를 건"너거나(「자반고등어」) "가난한 영혼의 한 점 살로 첫봄에 눈뜨"거나(「홍시」) "한사람만 죽도록 흠모" "회벽에 낱낱이 적어 그대 혼을 부르"거나 (「토우」) "흰 몸을 타고 번지던 살의 불, 그 불티"가(「서른 즈음」) 되더라도 같이 동행한다. 말하자면 시적화자를 둘러싼 모든 기제 곧, 살 속의 '가시'와 한 점 '살'과 비늘의 '전탑'과 살의 '불'은 시적화자가 여성으로서 더 건고한 정체성을 얻어가는 이니시에이션initiation과정이라고 볼 수 있다.

나는 늘
타오르는 불 속에 있었다
너의 그 겨자씨만 한 불씨가 처음
발목을 태울 때까지는 두렵지도 않더니

사르고 또 살라도 태우지 못하는
불이 불을 삼켜도
타지 않는 그 불
나는 늘 꺼지지 않는 그리움 속
불이었다

―「화살나무」 전문

「화살나무」의 생태학적 상상력을 통하여 시적화자는 "불이

불을 삼켜도/ 타지 않는" '불'의 이미지로 형상화한다. 어린잎은 나물로 먹기도 하며 가지의 날개를 귀전우鬼剪羽라고도 하는 화살나무는 한방에서는 지혈·구어혈驅瘀血·통경에 사용하기도 한다. 이 작품에서는 회색 수피의 거친 면과 가지의 코르크질의 날개, 잎의 가장자리의 잔 톱니가 보여주는 날카로움이 도저한 여성성으로 치환되고 있다.

  그러나 무엇보다 생의 대한 보다 의미심장한 메타포는 역사적 상상력과 만나면서 이루어지고 있다.

    내 맘속 풀지 못한 그리움 하나 있다
    잊히지 않는다는 것은 얼마나 잔인한가
    풍탁에 바람을 걸어
    그림자로 늙어간들

    차오르는 달빛조차 감당할 수 없을 즈음
    잘생긴 탑 하나 조용히 옷을 벗는다
    손길이 닿기는 했을까
    차마 못 지운 떨림 하나

    아, 미륵의 땅 여자 되어 한 천 년은 살아봐야
    옥개석 휘어지는 그 아픔을 가늠할지
    늦가을 왕궁리에서 쓴다
    그대
    그대
    그립다
                            ─「왕궁리에서 쓰는 편지」전문

표제작이기도 한「왕궁리에서 쓰는 편지」에는 웅혼한 의미의 거대한 여성성이 내장되어 있음을 알 수 있다. "내 맘속 풀지 못한 그리움"은「화살나무」에 나타난 그리움과 동궤의 것이다. "타지 않는 그 불/ 나는 늘 꺼지지 않는 그리움 속/ 불"을 간직하며 시적화자는 살아간다. 그러니 얼마나 잔인한 형벌인가. 시적화자는 이 숙명적 만남을 "아, 미륵의 땅 여자 되어 한 천 년은 살아봐야" 깨우칠 수 있는 것이 아니냐고 묻는다. "미륵의 땅 여자"는 대지적 여성성의 길이다. 그것은 어머니가 걸었던 길이기도 했지만 천 개의 뼈마디가 어긋나고서야 도달하는 완전한 독립체로서의 여자의 길이기도 하다.

우리는 일찍이 김혜순이「월출月出」이라는 작품에서 달이 떠오르는 장면을 출산 장면으로 치환한 "밤의 샅이 찢어지고 비릿한 피가 새어 나왔다/ 여자의 몸이 활처럼 휘고/ 뜨겁게 젖은 뿌우연 살덩이가/ 여자의 숲 아래로 고개를 내밀었다" 이란 표현을 통해 보여준 도저한 여성성을 기억하고 있다. 문정희는「몸이 큰 여자」라는 시를 통해 "뜻 없이 시들어가는 이 거리에/ 나는 한 마리 산돼지를 방목하고 싶다/ 몸이 큰 천연 밀림이 되고 싶다"라고 했고 신현림은「바람은 황소 떼」라는 작품을 통해 "바람은 황소 떼요 소 떼의 통곡이오/ 사랑스런 공포 욕정이오/ 둔한 나를 치고 찢는/ 저 소를 잡고 싶소/ ……저 소에 소의 뼛속에/ 들어가 박히고 싶소"라고 하여 대지적이고 재배적인 여성성을 얘기하기도 했다. 그런데 이러한 여성성은 어찌 보면 부박한 정신의 산물이거나 육감적인 부분에 치중한 일면이 있다고 볼 수 있다. 그런데 오늘 시적화자가 주창하는 여성성은 역사적

이고 신화적인 바탕 위에 자리 잡은 여성성이라고 볼 수 있다. 이 거대한 여성성은 그러면서 동시에 탄탄한 서정성까지를 함유하고 있다. "미륵의 땅 여자 되어 한 천 년"살아간다는 것과 "옥개석 휘어지는" 아픔을 연결하는 착상부터가 불가능한 현실을 가능한 상상력으로 견인하면서 종장에서 행간의 여유를 확보하여 그리움의 서정을 유연하게 펼쳐 보인다.

시적화자가 추구하고 있는 역사적 신화적 여성성은 과거의 것이 아니다. 현존하는 '그리움'이며 '떨림'이다. 그런 의미에서 이 여성성은 생의 강렬한 메타포와 에코페미니즘 건강성이 만들어내는 자유정신이 현현하는 생명의 길이라 할 수 있다.

우리는 지금까지 정진희 시인의 작품을 통해 시적화자가 밀도 있게 추구해온 문학적 지향점에 대해 살펴보았다. '어머니'가 갖는 인고와 아픔, 견딤과 순종의 자세를 지닌 여성성이 크고 넓은 대지적인 여성성은 물론 자유정신의 현현을 위해 보다 강렬하고 주체적인 여성성으로 확산되고 심화됨을 살필 수 있었다. 이러한 내용들은 시인의 가장 큰 장점이며 앞으로도 살려 나가야 할 충분한 좌표가 될 수 있다고 판단된다.

이제 시인의 앞으로의 문학적 방향에 대해 첨언할 시간이다. 미래지향적인 시인은 늘 새로운 세계에 도전할 수 있는 사람이어야 한다. 그 새로움이 자신의 가진 세계와 전혀 다른 세계일 수도 있지만 적어도 법고창신法古創新의 정신을 가질 수 있어야 한다. 그런 점에서 다음의 시 한 편은 그러한 모색의 노력으로 보인다. '이명'은 물리적인 세계로만 끝나는 것이 아니라 "수천의 하얀 다리에 밀려오는 어둠의 벽"이며 "사각사각 달빛을 갉아 먹는" 정신세계로의 접경이며 내면화의 지점이기 때문이다. 시인의 작업이 "밤새워 부벼"대면서 "죽지 끝 황토물 휘도는 그 퇴화한 귀 울음" 하나를 잡아내기 위해 여러 부면의 중음신과 싸우는 끊임없는 노력을 해주리라 믿어 의심치 않는다.

    기둥 저쪽 사각사각 달빛을 갉아 먹는다
    혼불처럼 번득이는 느리지만 분명한
    수천의 하얀 다리에 밀려오는 어둠의 벽

    뒤척이다 마주친 벼랑 박을 허물고
    귓속에서 목뒤에서 느려진 심장에서
    반달이 눈동자 깊이 조용한 저 아우성

    부수고 짓밟고 완전하게 치웠는데
    흐릿한 눈초리 밤새워 부벼댄다
    죽지 끝 황토물 휘도는 그 퇴화한 귀 울음

                             —「이명」 전문

정진희
전북 익산 출생. 제7회 가람시조백일장 장원. 2017년 동아일보 신춘문예 당선.

고요아침 운문정신 030

왕궁리에서 쓰는 편지

초판 1쇄 인쇄일 · 2020년 06월 15일
초판 1쇄 발행일 · 2020년 06월 24일

지은이 | 정진희
펴낸이 | 노정자
펴낸곳 | 도서출판 고요아침
편 집 | 이양구 김남규

출판 등록 2002년 8월 1일 제 1-3094호
03678 서울시 서대문구 증가로 29길 12-27 102호
전화 | 302-3194~5
팩스 | 302-3198
E-mail | goyoachim@hanmail.net
홈페이지 | www.goyoachim.net

ISBN 979-11-90487-30-6(04810)

*책 가격은 뒤표지에 표시되어 있습니다.
*지은이와 협의에 의해 인지는 생략합니다.
*잘못된 책은 교환해 드립니다.

* 본 도서는 (재)전라북도문화관광재단 2020년 지역문화예술육성지원사업에
  선정되어 보조금을 지원 받은 사업입니다.

ⓒ 정진희, 2020